SOCIÉTÉ DE SAINT-VINCENT DE PAUL

NOTICE

SUR

LE COMTE ANATOLE DE MELUN

l'un des plus anciens Membres de la Conférence de Lille

ET VICE - PRÉSIDENT DU CONSEIL PARTICULIER

depuis son origine

Par un Membre de la Société

LILLE

IMPRIMERIE DE J. LEFORT

NOTICE

SUR

LE COMTE ANATOLE DE MELUN

L'UN DES PLUS ANCIENS MEMBRES

DE LA CONFÉRENCE DE LILLE

ET VICE-PRÉSIDENT DU CONSEIL PARTICULIER

DEPUIS SON ORIGINE

NOTICE

SUR

LE COMTE ANATOLE DE MELUN

L'UN DES PLUS ANCIENS MEMBRES
DE LA CONFÉRENCE DE LILLE
ET VICE-PRÉSIDENT DU CONSEIL PARTICULIER
DEPUIS SON ORIGINE

Par un Membre de la Société.

LE comte ANATOLE DE MELUN fut élu vice-président du Conseil particulier des Conférences de Lille dans la séance du 31 août 1851.

C'était la réunion solennelle spécialement destinée à organiser le Conseil qui n'existait pas encore. La même assemblée attribuait la présidence à M. Kolb-Bernard, et nommait un autre vice-président, M. Jules Mourcou. Trente-sept ans ont passé depuis cette journée mémorable pour la Société de Saint-Vincent de Paul à Lille, et, au commencement de

cette année, des trois membres qui en avaient
accepté la direction, MM. Kolb-Bernard et de Melun,
représentants vénérés d'une génération couchée tout
entière pour dormir son dernier sommeil, se tenaient
encore debout; ils semblaient survivre pour être au
grand Jubilé de la Conférence de Lille la tradition
vivante au milieu de ceux dont leurs contemporains
n'avaient connu que les berceaux.

La Providence en avait décidé autrement; ce
n'était point ici-bas qu'ils devaient célébrer ces
noces d'or : leurs confrères ne devaient point les
fêter ni recevoir leurs conseils, mais les pleurer,
prier pour eux et recueillir leurs exemples.

Le Seigneur, juge et maître souverain du moment
où il convient d'appeler ses serviteurs à lui rendre
compte de leur administration, vient de tourner le
dernier feuillet, et de fermer à l'instant le livre de
cette grande vie de M. Kolb-Bernard.

Pour M. de Melun, c'est le 4 janvier qu'il res-
sentait les premiers symptômes du mal qui devait
l'emporter, et onze jours plus tard, en la fête du
saint Nom de Jésus, il achevait sa longue, utile et
sainte carrière.

A l'assemblée générale du 13 mars 1859, rem-
plaçant M. Kolb-Bernard malade, il faisait des vœux
pour le rétablissement de sa santé et le recommandait aux prières de l'assistance.

Puis il s'exprimait, sur les confrères défunts, en
des termes que l'on ne saurait mieux faire que de
répéter pour les appliquer à lui-même :

« A chaque réunion, l'une des fonctions de votre
» bureau est de vous faire connaître les pertes que
» nous avons faites. Quand je parle de pertes, je me
» sers d'un mot consacré par l'usage, mais que
» notre foi désavoue. Les membres de Saint-Vincent
» de Paul que Dieu appelle à lui ne sont pas perdus
» pour nos Conférences, et l'espérance chrétienne
» nous les montre comme des frères bien-aimés qui
» ont atteint le but, qui nous invitent et nous
» aident à acquérir la couronne qu'ils ont obtenue. »

La vie de M. de Melun légitime, en effet, toutes
les espérances. Parti à vingt ans de ce pays glacé où
règnent les ténèbres de l'incrédulité, jusqu'aux con-
fins duquel l'avaient un jour conduit les hommes
qui avaient troublé la paix de son âme par les
angoisses du doute, il traverse les régions illuminées
par les splendeurs de la foi, et fournit la plus grande
partie de sa course dans ces contrées rayonnantes de
chaleur et de lumière où s'épanouit la merveil-
leuse végétation de la charité.

Anatole et Armand de Melun naquirent au châ-
teau de Brumetz, le 24 septembre 1807.

La ressemblance des deux enfants était telle qu'à
peine pouvait-on les distinguer. L'élévation de leur
esprit, la noblesse de leur cœur, leur foi ébranlée
puis raffermie, une existence consacrée à Dieu et
au prochain, le bonheur le plus parfait et les joies
les plus pures suivies des plus dures épreuves héroï-
quement supportées, devaient prolonger jusqu'au
bout la ressemblance de ces deux vies.

Aussi l'ami, le collaborateur dévoué de la Sœur Rosalie, l'homme qui fut à Paris, pendant un demi-siècle, la vivante incarnation de la charité, était-il non moins prophète qu'historien quand il écrivait, à vingt ans :

« Un frère jumeau me fut donné, qui ne m'a
» point quitté d'un pas dans la carrière ; ma vie est
» sa vie, mes joies ont été les siennes, et ses succès,
» les miens. Ce n'est pas Anatole et Armand, lui
» et moi c'est *nous*. »

Anatole étant à l'École militaire à Metz, son frère vint l'y visiter ; leur ressemblance était encore telle à cette époque que le jeune officier d'artillerie fut mis aux arrêts pour s'être montré au théâtre en habit civil. Armand dut comparaître devant l'autorité militaire pour redresser la méprise et faire lever les arrêts de son frère.

En 1832, Anatole de Melun fit partie de l'armée française envoyée au siège d'Anvers. Il s'y distingua par son intelligence et sa bravoure ; sa belle conduite lui fit décerner la croix de Léopold.

« Pendant deux mois, écrit Armand, nous n'eûmes
» plus de paix le jour, ni de sommeil la nuit. Les
» lettres, même les plus rassurantes, ne parvenaient
» qu'à peine à nous tranquilliser ; car depuis leur
» départ que d'événements terribles avaient pu se
» passer. Enfin, après deux mois d'angoisses, le
» télégraphe annonce qu'Anvers vient de se rendre !
» Les enfants poussent des cris de joie, la mère
» pleure de bonheur, et moi je sors par la ville

» pour aller me féliciter avec quelques amis. »

Là, un coup foudroyant attendait son cœur de frère. Dans le cours de sa promenade, ayant ouvert un journal, il tombe sur un bulletin du maréchal Gérard rendant compte des dernières opérations du siège. Il y était mentionné que, dans la nuit du 22 décembre, le lieutenant de la 12e batterie d'artillerie avait eu le bras emporté. Or, d'après la dernière lettre d'Anatole, cette 12e batterie était celle-là même qu'il commandait ce jour-là : le lieutenant mutilé, mort peut-être, c'était donc lui!...

« Je faillis m'évanouir; je ne pouvais plus me
» tenir, mes yeux n'osaient plus parcourir les jour-
» naux de peur d'y lire le cher nom; et cependant
» ce nom, je voulais le savoir. Une lettre de mon
» frère attendue le matin n'étant pas arrivée, je ne
» cherchais plus maintenant d'autre cause à ce retard :
» Anatole était frappé au moment même où nous
» fêtions sa délivrance. C'était au Palais-Royal que
» j'avais lu la nouvelle. De là il fallait maintenant
» regagner la rue Las Cases, où je venais de laisser
» ma famille transportée de joie. Ces rues, ce monde,
» tout pour moi avait changé d'aspect. J'approchais
» de la maison quand, au détour de la rue Saint-
» Dominique, j'aperçus notre domestique qui me
» cria de loin : « Votre frère écrit qu'il a couru de
» grands dangers, mais qu'il se porte bien. » J'étais
» ressuscité; je ne marchais plus, je volais : j'ar-
» rivai pâle, effaré, je me jetai sur la lettre; j'avais
» oublié toutes mes tortures passées. »

Nous les retrouvons ensemble sur les bords du
Rhin, puis en Hollande, plus tard à la Grande-Char-
treuse. Les vacances ou les congés réunissaient les
deux frères, qui ne semblaient pouvoir goûter de
plaisir qu'à deux. Nous ne les voyons séparés un
instant que quand Armand prend l'avance sur son
frère dans la voie qui ramène à Dieu et qui conduit
au bien.

Comme nous l'avons dit, la foi des deux jeunes
gens avait subi une éclipse, l'éducation universitaire
avait produit ses fruits naturels. Armand et Anatole
avaient terminé leurs études dans le collège réputé
le plus religieux de Paris.

Il avait pour directeur un ecclésiastique et deux
aumôniers du plus grand mérite. « Mais l'histoire
» y était enseignée par M. Michelet, et le professeur
» de rhétorique, nous dit Armand, ne se donnait pas
» la peine de dissimuler son irréligion. C'est ainsi
» qu'en nous faisant remarquer les beautés littéraires
» et oratoires des *Oraisons funèbres,* il avait soin de
» nous dire que s'il recommandait le style de Bos-
» suet à notre admiration, il n'en était pas de même
» des croyances surannées dont l'évêque de Meaux
» se faisait l'interprète. Un jour, écrit-il, pendant
» que nous faisions notre philosophie, il nous prit
» fantaisie de discuter entre nous l'existence de Dieu.
» C'était pendant l'étude. Nous eûmes la délicatesse
» d'engager le surveillant à se retirer, pour nous
» laisser une plus entière liberté et n'avoir pas à se
» compromettre lui-même. La discussion fut vive

» et approfondie ; et lorsqu'on passa au vote, l'exis-
» tence de Dieu obtint la majorité d'une voix ! Je
» votai pour le bon Dieu. Telle était la religion des
» collèges de l'État dans les dernières années de la
» Restauration. »

Les effets funestes d'une pareille éducation avaient
encore été aggravés chez Anatole par le séjour qu'il
fit à l'École polytechnique. Aussi Armand, déjà
converti, nous dit-il de son frère :

« Il avait rapporté à la maison paternelle des idées
» et des doctrines d'où naissaient des discussions qui
» désolaient ma mère ; car elle se figurait que la foi
» de son enfant était perdue sans retour. Je la con-
» solais de mon mieux, lui promettant que l'âge,
» l'expérience, les bons exemples ramèneraient au
» bercail cette brebis aimée. »

Enfin, en 1836, Armand écrivait à Mme Swetchine :

« J'ai retrouvé ici mon bon frère. Je continue avec
» lui nos conversations. Je lui répète vos bons con-
» seils, et nous profitons ainsi tous deux de votre
» parole.

» C'est un beau spectacle que celui de la trans-
» formation de cette âme par la vérité. Partie des
» dernières limites de l'erreur, mais protégée par
» son instruction et son éducation, elle a parcouru
» la route qui ramène à Dieu, d'abord comme à
» tâtons, chancelant à chaque pas et reculant à
» chaque obstacle. Mais son pied s'est affermi, la
» nuée ténébreuse est devenue lumineuse et a marché
» devant lui. Le désert a eu ses aridités, ses soifs

» inassouvies, ses heures de murmure, ses Philistins
» et ses Amalécites ; mais aussi l'Évangile était sa
» manne, saint Augustin sa source d'eau vive, et
» maintenant il chante le cantique de la délivrance.
» Ainsi m'est-il donné de voir se réaliser en un autre
» moi-même toutes les promesses de l'Évangile
» dans cette action de la grâce, dans ce passage du
» trouble infini à la paix, de la souffrance au bien
» suprême et du doute à la foi. De pareils faits
» valent des miracles.... Je ne me lasse pas de vous
» en parler, parce que je n'ai jamais rencontré une
» plus belle expérience de la régénération humaine
» par la foi de Jésus-Christ. »

En 1839, son mariage avec Mlle Van der Cruisse
de Waziers le fixe à Lille. Il donne sa démission
d'officier et se consacre entièrement aux bonnes
œuvres.

Nous le retrouvons, dès 1842, initié à toutes les
pratiques de la charité, non seulement chrétien, mais
pénétré de l'esprit de saint Vincent de Paul, en cela
encore vrai jumeau de son frère et tellement sem-
blable à lui qu'on ne pouvait, non plus qu'autrefois,
les distinguer l'un de l'autre.

Armand s'écriait à Paris :

« Qu'allais-je faire ici bas? Une pensée dominante
» s'était emparée de moi, c'est que l'œuvre du retour
» des sociétés modernes au christianisme pratique,
» l'œuvre du retour de l'ouvrier et de l'homme du
» peuple à l'Église, créait aux chrétiens de nos
» jours une fonction d'un ordre nouveau. Appeler

» les hommes égarés dans le temple de la vérité et
» de la justice, les y conduire jusqu'au seuil pour
» les remettre là, convaincus et dociles, entre les
» mains du prêtre, telle me semblait la mission de
» l'apostolat laïque; et si intéressé que je fusse par
» les combats de paroles et d'écrits, je sentais qu'une
» *action plus immédiate sur le peuple était ma voca-*
» *tion.* »

Anatole, comme un fidèle écho, lui répondait à
Lille dans l'éloge funèbre d'un des membres les plus
dévoués de la société de Saint-Vincent de Paul.

« Dieu, sans doute, pour apprendre à notre géné-
» ration qu'un nouveau droit imposait toujours un
» nouveau devoir, a voulu que chacun dans sa
» sphère fût désormais chargé de la mission morale
» et religieuse que l'autorité publique exerçait jadis
» au nom de tous. »

Et il terminait en ces termes :

« Une ville entière à édifier, la religion à sou-
» tenir, *plus encore par des actes que par des*
» *paroles*, des pauvres, des malades à nourrir du
» pain de la terre et du ciel, tels sont les legs
» que M. d'Escarnes nous a faits. Hésiterions-nous
» à les accepter?... »

M. de Melun hésita si peu à accepter l'héritage de
l'homme de bien dont il proposait les vertus à l'imi-
tation de ses confrères, que, dès l'année suivante,
nous le trouvons membre d'une commission com-
posée de MM. Rapy, du docteur Binaut et de lui-
même, tous trois chargés d'étudier la situation maté-

rielle et morale des pauvres patronnés par la Société.
Deux ans plus tard, en 1844, il trace le portrait du
vrai confrère de Saint-Vincent de Paul, et, sans qu'il
s'en doute, c'est sa propre image qui apparait sur la
toile, c'est l'histoire de sa vie qu'il raconte à l'avance.

Le Confrère de Saint-Vincent de Paul ne se
contente pas d'assister aux réunions de sa Conférence ; mais son esprit dilaté par la charité doit
comprendre toutes les œuvres, son cœur doit les
aimer, et son zèle les lui faire embrasser. Il félicite
les chrétiens hommes de loisirs qui acceptent les
fonctions d'administrateurs du bien des pauvres. Il
considère l'indigent à son berceau, pauvre petite
créature, « qui vient presque toujours augmenter les
» embarras d'une famille déjà nombreuse. » Son
cœur est rempli de compassion pour elle, mais
aussitôt sa foi lui fait ajouter avec un saint respect :

« Gardons-nous, avec les économistes, de calculer
» la valeur mobilière de cette créature que Dieu a
» rachetée de son sang ; sous cette apparence ché-
» tive, où de prétendus philanthropes n'aperçoivent
» qu'une bouche inutile venant dévorer sa part
» d'une subsistance déjà insuffisante, sachons décou-
» vrir une âme que nous retrouverons un jour dans
» le ciel.... N'oublions pas surtout que le baptême
» ne saurait être différé à ces frêles créatures ; que
» par nos soins l'enfant de colère devienne un petit
» ange, et ceux qui dans le ciel voient Dieu face à
» face, prieront avec ardeur pour nous qui leur
» aurons donné un frère de plus sur la terre. »

Bientôt c'est la salle d'asile, où nous devons conduire le petit enfant dernier venu dans la famille ;
puis l'entrée à l'école va imposer au protecteur le
devoir de diriger les parents dans le choix des ins-
tituteurs auxquels on va confier cette jeune âme.
Enfin le patronage du jeune écolier inspire à M. de
Melun ces touchantes paroles :

  « Je ne dirai rien ici de nos écoles de Frères, la
» gloire et le salut de cette grande cité ; elles sont
» au-dessus de nos éloges. J'indiquerai seulement le
» patronage adopté par la Conférence, qui établit,
» entre la Société représentée par une commission
» spéciale, le visiteur, l'enfant et sa famille, les plus
» heureuses relations. Et remarquez, Messieurs, sui-
» vant l'ordre de la Providence, quel bien cette créa-
» ture, jugée tout à l'heure inutile sur la terre, a
» déjà produit dans le monde. Sans rappeler les
» œuvres que nous avons citées, contemplons l'en-
» fant que nous avons vu naître pour ainsi dire
» dans une étable, comme Notre-Seigneur, occupé
» maintenant dans une modeste école à des choses
» si peu dignes d'attention : ses progrès n'attirent
» pas les regards du siècle, mais que représentent-ils
» devant Celui qui ne veut rien laisser sans récom-
» pense ? La générosité des bienfaiteurs, le dévoue-
» ment sublime des Frères, la sollicitude de la
» Conférence, les soins de la famille, l'attention
» vigilante du visiteur : voilà, Messieurs, ce qu'ils
» expriment. Et en présence de tout cela, qu'on
» vienne nous demander des résultats numériques,

» qu'on calcule la dépense de chaque élève; je ne
» sais ce qu'il coûte, mais voilà ce qu'il rapporte,
» c'est une monnaie que nous retrouverons au
» ciel. »

Voilà bien les sentiments d'une âme qui a l'intelligence des choses de Dieu. De quoi M. de Melun se félicite-t-il? De l'importance des résultats obtenus, comparativement à la faiblesse des efforts? Point du tout; ce qui le remplit de joie, ce sont les efforts eux-mêmes, c'est le travail, c'est la peine, et le voilà qui s'écrie : « Qu'il est grand ce petit enfant, puisqu'il est l'occasion de tant de sacrifices faits pour Dieu. » N'est-ce pas un vrai disciple du saint qui répétait sans cesse : « Aimons Dieu, mais que ce soit aux dépens de nos bras, à la sueur de notre visage. »

Après avoir raconté le trait charmant d'un ouvrier qui fit trois prières à la messe pour obtenir « la franchise » de demander une lettre de recommandation à son visiteur, M. de Melun insiste pour que le membre de Saint-Vincent de Paul se fasse tout à tous et « accepte comme un bienfait toute occasion » même pénible de rendre quelque service à ceux » que Dieu lui envoie. » Plus loin, il résume encore ces pensées en s'écriant : « Vous le voyez, Messieurs, » il y a devant nous plus d'une voie ouverte pour » le salut, les occasions de mérite abondent, et si le » mal gronde à l'horizon, le bien nous environne; » rendons-en grâces à Dieu qui nous aime! »

Plus M. de Melun avance dans la vie, plus il

semble que l'esprit de saint Vincent de Paul le pé-
nètre ; il en est tout imprégné, tout imbibé ; il sait,
et il le sait assez pour l'enseigner en maître, qu'il
ne suffit pas de jeter une obole dans le sein du
pauvre, que ce n'est même pas assez de le moraliser,
de le convertir. Prenons garde, après avoir évan-
gélisé les autres, d'oublier notre propre salut. Aussi
écoutons avec quels accents il nous convie, pour
nous sanctifier réciproquement nous-mêmes, à l'exac-
titude, à la fidélité aux séances.

« Nous devons, nous dit-il, y venir retremper
» notre zèle, éclairer notre inexpérience, participer
» surtout à cette communauté de pensées, de prières,
» d'œuvres, à laquelle la parole divine elle-même
» attache une bénédiction spéciale. Nous croyons
» en avoir assez fait en apportant quelques secours
» à nos pauvres, et nous oublions ces concitoyens,
» ces amis, ces frères qui attendent de nous lu-
» mière, édification, affection chrétienne. Je ne crains
» pas de le dire, *de notre assiduité aux séances ordi-*
» *naires dépend l'avenir de la Conférence.* »

N'allons pas croire cependant que M. de Melun,
en plaçant même avant le bien à faire aux indigents
la sanctification des confrères eux-mêmes, n'ait pas
apprécié à son prix la valeur de la visite aux pauvres.
Nous ne pourrions, au contraire, demander à un
meilleur maître des leçons sur la grandeur et la
suavité de la mission du membre de Saint-Vincent
de Paul au foyer des malheureux. Dans le même
discours, il nous en trace cet admirable tableau :

« Une famille visitée, encouragée, consolée par
» vous se reconnaît au premier abord ; ce n'est pas
» la famille protégée par telle ou telle personne,
» c'est la famille de Saint-Vincent de Paul : elle
» ignore souvent le nom de son protecteur ; elle
» ne sait qu'une chose, c'est qu'un homme envoyé
» par la religion, conduit par la charité, vient la
» voir, la soulager, surveiller ses enfants, exhorter
» ses malades, prier pour ses morts. Quoi de plus
» beau, Messieurs, que cette mission, et qui ne voit
» que, pour ces pauvres gens, ce ne sont plus des
» hommes, c'est la religion, c'est la charité, c'est
» Dieu lui-même qui descend jusqu'à eux ? Eh !
» comment ne reconnaîtraient-ils pas l'action di-
» vine de cette main aussi puissante que généreuse,
» comparée aux instincts pervers et égoïstes que
» l'homme livré à lui-même trouve au fond de son
» cœur ? On a vu cette simple réflexion ramener
» des malheureux que l'injustice et la souffrance
» avaient portés au plus affreux désespoir. Aussi
» quelle n'est pas son influence sur nos familles qui
» presque toutes avaient encore conservé la foi de
» leurs pères ! Et dès lors quel mutuel sujet d'édi-
» fication entre le protecteur et le protégé ! Le
» pauvre est à vos yeux le membre même de Jésus-
» Christ souffrant, et vous êtes pour lui la provi-
» dence de Dieu dans ses plus touchants attributs,
» la bonté et la miséricorde. Ainsi, pauvre et riche,
» tous les deux faibles et pécheurs, ont disparu ; la
» charité, ce souffle de Dieu, les a transformés. Voilà

» le spectacle qu'offre une famille de Saint-Vincent
» de Paul; voilà ce que Dieu, par une faveur spé-
» ciale, a voulu faire de nous. »

Le Bon-Pasteur, la Société de Saint-Joseph, l'Association de Saint-François-Xavier, l'œuvre des
Bibliothèques, celles de Saint-Régis, de la Propaga-
tion de la foi, des Prisons, attirent tour à tour son
attention et enflamment son zèle. Le projet de
l'œuvre de la Maison-Modèle trahit ses préoccupa-
tions sur l'insalubrité des logements ouvriers, à
laquelle il devait plus tard apporter un remède
énergique par la loi dont il fut le principal auteur.

Il y a dans la vie du pauvre des moments où ses
souffrances ordinaires prennent une intensité inat-
tendue, et où sa gêne, sa pénurie, sa détresse, chacun
de ses besoins se trouvent tout à coup comme mul-
tipliés par un facteur puissant; quand ce visiteur
redoutable, qui se nomme la maladie, vient s'asseoir
au chevet de l'homme qui vit péniblement de son
travail, son souffle est bien près d'éteindre les derniers vacillements des dernières lueurs de l'espérance.
M. de Melun avait trop bien compris le pauvre et
l'indigent pour ne point ressentir le coup que lui
porte ce paroxysme de la misère et de l'angoisse; le
ressentant, il ne pouvait ne point vouloir, de toutes
ses forces, de toute son âme, et surtout de tout son
cœur, se montrer à ce foyer vrai et parfait membre
de Saint-Vincent de Paul.

« Si, dit-il, le malade reste chez lui, c'est alors
» qu'il faut redoubler de soins et d'assiduité; c'est

» là que notre présence, nos exhortations, nos secours
» sont plus nécessaires que jamais, et nous devons
» appliquer toutes les ressources que, dans des temps
» moins difficiles, notre prudence a su ménager.
» Appelons près de sa couche le prêtre qui par-
» donne et la Sœur de Charité qui sait adoucir tous
» les maux. Sachons tirer de ces souffrances mille
» sujets d'édification, et pour les autres et pour
» nous-mêmes. S'il vient à succomber, emportant
» dans le ciel le nom qu'il a béni à sa dernière
» heure, accompagnons jusqu'à l'église cette dé-
» pouille devenue sacrée ; prions pour cette âme
» qui plus tard priera pour nous, et ne délaissons
» pas la pauvre famille qu'une voix mourante con-
» fiait à nos soins. Si Dieu, au contraire, lui rend
» la santé, veillons à sa convalescence ; le travail
» trop tôt repris est une des causes les plus dange-
» reuses d'une rechute mortelle. Mais si, comme
» il arrive ordinairement, le pauvre entre à l'hô-
» pital, ah ! ne croyons pas que notre tâche soit
» terminée ; que la maladie soit grave ou légère,
» notre mission s'étend ; c'est dans cet asile de dou-
» leurs que Dieu nous appelle. Non contents de
» soutenir et de soulager la famille privée de son
» appui naturel, visitons fréquemment le malheu-
» reux qui souffre, c'est là surtout que nos paroles
» ont du retentissement. »

L'article 2 du règlement nous dit que le confrère
de Saint-Vincent de Paul ne doit regarder aucune
œuvre de charité comme étrangère à la Société. Il

doit toujours être le type accompli du *vir bonus pa-
ratus ad omne opus bonum*. M. de Melun a réalisé cet
idéal ; jamais on ne fit en vain appel à son dévouement. Dès 1843, il est président du Comité lillois
pour la défense des intérêts catholiques ; en 1848, le
suffrage universel, fonctionnant pour la première
fois, le porte au Conseil municipal, et l'année suivante au Conseil général. Il est président de la
Société des Publications populaires, vice-président
de la Commission des prisons, vice-président de la
Commission du travail des enfants dans les manu-
factures et de la Commission des bâtiments civils,
administrateur des Hospices et du Bureau de bien-
faisance, président de la Société de Secours mutuels
de Notre-Dame de Lille. Il publie en même temps
un grand nombre de travaux historiques ; il entre
dans la Société des Sciences de Lille, et est élu, tout
jeune encore, président de l'Association lilloise pour
l'encouragement des lettres et des arts.

Au mois de mai 1849, M. de Melun était élu
député du Nord ; son frère Armand était, le même
jour, nommé dans le département d'Ille-et-Vilaine.

« Voilà donc, écrivait ce dernier, voilà les deux
» jumeaux arrivant tous les deux le même jour à
» l'Assemblée, chacun d'un bout de la France, l'un
» comme Flamand, l'autre comme Breton, pour
» marcher vers le même but et sous le même dra-
» peau.... Cette association fait taire toutes mes
» craintes. Nous appuyant l'un sur l'autre, nous
» lutterons mieux contre l'orage.... D'ailleurs, j'es-

» père ne faire autre chose à l'Assemblée que conti-
» nuer notre œuvre. *J'y serai le représentant des*
» *pauvres et des petits.* »

L'Assemblée ne devait point terminer son mandat. Napoléon mit brusquement fin à ses travaux dans la nuit du 2 décembre 1851. Les deux frères, en apprenant l'envahissement du Palais-Bourbon par les soldats, se rendirent à la mairie du dixième arrondissement pour y organiser la résistance de la loi à la force. Berryer, de Falloux et les principaux chefs conservateurs les y avaient précédés ou suivis ; mais bientôt un bataillon de chasseurs envahit la cour de la mairie, occupa les issues et s'empara des derniers représentants du peuple restés fidèles à leur mission. Ils furent conduits en lieu sûr, et le lendemain, sur leur refus d'adhérer à la dictature, des voitures cellulaires transférèrent les prisonniers à Vincennes. Ils demeurèrent ainsi au milieu de mortelles angoisses, ignorant quel sort on leur réservait ; pendant ce temps, le nouveau chef de l'État achevait sa victoire, et quand il crut son pouvoir solidement constitué, il eut la grandeur d'âme de rendre la liberté à des adversaires qu'il ne craignait plus.

Depuis 1849 jusqu'en 1876, il ne cessa de représenter les électeurs du Nord aux Chambres et Assemblées législatives qui se succédèrent pendant cette période ; il prit une part importante à leurs travaux et y exerça une influence considérable ; il contribua notamment à l'élaboration d'une des lois les plus importantes et les plus salutaires, celle sur la liberté

de l'enseignement. Tels furent les fruits que produisit
cette belle vie ; mais le foyer qui les faisait germer,
se développer et mûrir, était dans le cœur de cet
homme de bien : c'était son ardente piété qui était le
principe et le moteur de toutes ses œuvres. Chaque
jour, il faisait une demi-heure de méditation, et
devant le Saint Sacrement, au moment de s'approcher
de la Table sainte, il se répétait souvent cette parole
de la préface de Noël : *Ut dum visibiliter Deum
cognoscimus, per hunc in invisibilium amorem rapia-
mur.* Son frère Armand puisait aux mêmes sources
les mêmes ardeurs de dévouement et d'apostolat ; il
profitait des leçons de Mme Swetchine, qui, dès le
début de sa conversion, lui disait :

« Dans ce saint Vincent de Paul dont l'histoire vous
» frappe tant, le monde n'a vu que les actes extérieurs ;
» au besoin, il nierait le feu qui les alimentait.... Et
» néanmoins l'effet n'est pas plus que la cause et ne
» saurait s'en passer ; outre la foi religieuse, outre la
» charité, il y a un élément auquel il faut faire place,
» un élément qui n'est ni la foi raisonnée, ni la cha-
» rité extérieure, mais le foyer des deux autres :
» c'est la piété qui rend Dieu sensible au cœur. Il y a
» aussi du temps, des soins, de l'ardeur à donner au
» développement de cette faculté aimante, qui a
» comme les autres ses divers degrés de croissance,
» ses phases, son expression. Cette expression, c'est la
» prière. Croire par l'intelligence, c'est rendre un
» culte à Dieu ; soulager les pauvres, c'est le servir
» dans ses membres ; l'aimer comme il veut l'être,

» c'est s'unir à lui par les moyens établis par sa
» miséricorde. Plus l'intelligence s'élève, plus il est
» nécessaire que la piété lui serve de contrepoids.
» Pourquoi tant de sublimes esprits se sont-ils éga-
» rés? C'est qu'ils n'aimaient pas. L'amour les eût
» gardés. Il en est de même de l'action charitable....
» Le propre de l'action est de disperser, de diviser
» l'attention, de la matérialiser; pour lui rendre ses
» forces, il faut la retremper à ce foyer dont le feu
» n'est pas rouge, mais blanc. »

La foi et la piété qui animèrent M. de Melun dans
ses œuvres, le soutinrent comme son frère dans ses
cruelles épreuves. En 1884, la compagne de sa vie
lui fut arrachée après une union cimentée par une
durée de près d'un demi-siècle. Puis, comme si la
Providence avait voulu que les deux frères demeu-
rassent semblables jusque dans leurs souffrances,
deux ans plus tard, il était frappé comme Armand
dans son fils unique, seul et dernier héritier du nom
des Melun, qu'une fièvre typhoïde enlevait inopiné-
ment à l'âge de quarante ans.

Armand, atteint le premier, avait montré à son
frère l'exemple de la résignation, même dans une
aussi horrible douleur.

« Si du côté de la famille, disait-il, il n'y a plus
» pour moi d'avenir à espérer, j'en découvre un dans
» les œuvres à fonder et à poursuivre. Bien souvent,
» j'ai cherché à consoler les autres en leur ouvrant
» les perspectives de la charité et leur montrant le
» soulagement des peines d'autrui comme le meilleur

» adoucissement à leurs propres chagrins. Je l'avais
» expérimenté personnellement dans les pertes de
» mon père et de ma mère. Aujourd'hui, je l'avoue,
» dans le premier moment, en face de ce coup plus
» accablant que les autres, la charité elle-même avait
» perdu sa puissance de consolation. L'âme abattue
» succombait sous le poids de sa croix. Mais en s'ap-
» puyant sur la croix, elle se réveille et se ranime. La
» mort elle-même se transfigure ; et le cœur, se remet-
» tant courageusement en route, puise, dans son cha-
» grin même, une force nouvelle pour se dévouer
» à ses frères. »

L'année suivante, il ajoutait :

« Quand la terre n'a plus pour nous que des
» impressions de tristesse, il faut regarder en haut,
» et, avec les yeux de la foi et de l'espérance, revoir
» ceux que l'on a perdus, saluer la gloire qui les
» couronne, le bonheur qu'ils nous gardent et qu'un
» jour Dieu nous permettra de partager avec eux.
» Cette douce pensée enlève au sacrifice la plus aiguë
» de ses épines, et change la désolation en une
» résignation presque reconnaissante. Aujourd'hui,
» plus la terre est sombre et l'avenir menaçant, plus
» on sent que ceux qui nous ont quittés ont la
» meilleure part ; alors le sourire de l'action de
» grâces se glisse à travers nos larmes. Cette transfi-
» guration de la douleur, écrit-il ailleurs, est un des
» plus éclatants miracles de notre foi. »

Les mêmes pensées soutinrent le comte Anatole
de Melun, et les derniers jours des deux frères ne

furent qu'une sainte préparation à la mort, une
aspiration vers le ciel. Ils ne furent point arrachés
violemment de cette terre ; mais tous deux, comme
des fruits mûrs arrivés à la perfection de leur saveur
et de leur parfum, furent cueillis, ou plutôt tom-
bèrent sans effort dans la main du céleste Jardinier.
O la belle vie consacrée à Dieu et au prochain,
l'édifice admirable bâti sur les fondements de
l'égoïsme écrasé et broyé ! Qui ne souhaiterait de
pouvoir présenter à son Créateur une existence aussi
bien remplie à ce moment redoutable, où de tout
ce que nous aurons désiré, aimé et goûté, il ne nous
restera que nos bonnes œuvres.

Ce défunt ne parle-t-il pas encore à ses confrères,
ne leur dit-il pas qu'ils doivent être les plus ver-
tueux, les meilleurs, les plus distingués, les plus
instruits des hommes. Partout et en tout les catholiques doivent s'efforcer d'exceller, non par vanité,
ni ambition, mais pour faire honorer la religion
qui est incarnée en eux. De même que plus l'état
d'un homme est parfait plus grand est le scandale
de ses fautes, plus aussi ses vertus et même ses
qualités naturelles ou acquises sont puissantes pour
le bien.

M. de Melun comprenait à merveille que Dieu ne
départit pas des avantages particuliers à certains
hommes privilégiés pour la satisfaction de leur
égoisme, quand, s'adressant à ses confrères, en 1848,
il prononçait ces paroles :

« Dieu ne répand pas en vain ses dons sur les

» hommes : position, fortune, intelligence; il ne
» les distribue pas pour la satisfaction de celui qui
» les reçoit en dépôt. L'humilité du chrétien n'est
» pas pusillanime; s'il doit étouffer dans son cœur
» l'ambitieuse activité qui, même en travaillant pour
» les autres, ne pense qu'à elle-même, qu'il craigne
» aussi d'enfouir, comme le serviteur infidèle de
» l'Évangile, les talents que lui a confiés son maître,
» et ne refuse pas les occasions, que lui offre la
» la Providence, de transporter dans une sphère
» plus étendue les bienfaits de Dieu, dont il est
» le dispensateur et non l'avare gardien.... Les dons
» de Dieu détournés de leur mission providen-
» tielle deviennent des instruments de perdition et
» de mort. »

M. de Melun arrivait à Lille comblé des faveurs
de la Providence; issu d'une des plus vieilles familles
de France, jouissant de la considération qui s'attache
à un nom illustre, riche des dons de la fortune,
heureux de son alliance avec une des familles les
plus considérables du pays, dans tout l'éclat de la
jeunesse, brillant d'intelligence et d'activité, il pouvait consacrer tout cela à la jouissance, et vider jusqu'au fond la coupe des plaisirs. Que lui en serait-il
resté après les premiers enivrements? Que lui en
serait-il resté au jour où Dieu le visita par la souffrance? Que lui en resterait-il aujourd'hui que
Dieu a pesé dans sa balance, d'un côté les dons
magnifiques, de l'autre les œuvres admirables de son
serviteur? Nous l'avons vu, M. de Melun sut faci-

lement distinguer entre les deux voies, celle qui
conduit au vrai bonheur. Nous avons lu son pro-
gramme, nous l'avons entendu faire le choix d'un
état de vie et reconnaître sa vocation. Son frère
Armand et lui se déterminent de la même manière,
l'un répète à Lille ce que l'autre disait à Paris :

« Je resterai dans le monde et j'y exercerai l'apos-
» tolat; je ferai à mes frères tout le bien que je
» pourrai; je consacrerai ma fortune, mon temps,
» mon influence, mon intelligence à soulager leurs
» misères matérielles et leurs misères morales, à les
» porter à Dieu, à les conduire jusqu'au prêtre.
» Les œuvres de charité ne seront pas pour moi un
» passe-temps, une distraction, un accident; mais
» elles seront ma profession, ma vocation, et absor-
» beront ma vie. »

A ceux qui hésitent encore à sacrifier de vains
plaisirs, ou la lâcheté d'habitudes de désœuvrement
et de paresse, la voix du vénéré défunt ne crie-t-elle
pas, en les invitant à le suivre, que c'est le chemin
de la félicité? Ne l'entendent-ils pas leur répéter :
« Ne pourras-tu faire ce que d'autres ont fait? »

Mgr Baunard, dans la préface du beau livre qu'il
a consacré à Armand de Melun, l'offre aussi comme
un modèle aux hommes qui ne veulent pas rester
des nullités, aux chrétiens qui redoutent d'entendre
un jour retentir à leurs oreilles ces paroles terribles
du Maître : « Mauvais serviteur, vous n'avez point
fait fructifier le capital que je vous avais confié. »
Après avoir puisé avec une respectueuse reconnais-

sance et une indiscrétion à laquelle la bonté de
l'auteur nous avait encouragés dans cette mine riche
et précieuse, nous ne pouvons mieux faire que de
terminer par cet appel qu'il convient si bien de
placer comme conclusion de la Notice consacrée au
Confrère que nous pleurons.

« Ils sont nombreux aujourd'hui ces hommes de
» bons sentiments qui, riches de leurs facultés,
» de leurs loisirs, de leur fortune, ne savent que
» faire de ces trésors qu'ils jettent tristement en proie
» à la dissipation ou à l'inutilité. A l'heure où nous
» sommes particulièrement, combien se voient éloi-
» gnés des offices publics par l'iniquité des temps, ou
» s'en détournent d'eux-mêmes, comme on fait d'un
» édifice qui va s'écrouler dans un tremblement de
» terre! Que veulent ces hommes? que feront-ils?
» S'abstenir, s'anéantir, se résigner passivement à
» n'être que des points morts dans le mouvement
» universel qui entraîne le monde? Oh! que de forces
» perdues! quel compte à rendre au Seigneur!
« Pourquoi vous tenir ainsi tout le jour sans rien
» faire? Allez donc à ma vigne. » Ils apprendront
» en outre que comme ils en ont le devoir, ils en
» ont le pouvoir; qu'à côté et au-dessus des positions
» de l'État, il y a des places hors cadre et des
» emplois hors rang; qu'il y a, grâce à Dieu, une
» carrière toujours ouverte, la carrière du bien. Ils
» se convaincront sans peine que c'est la plus glo-
» rieuse devant Dieu et devant les hommes. C'est
» aussi la plus heureuse; et lorsqu'ayant entendu

» retentir la belle action de grâces de M. de Melun
» pour sa belle destinée, lorsqu'ils l'auront vu la
» mener avec un enthousiasme, une allégresse, un
» élan que le cours des années ne fait qu'accélérer,
» ils seront peut-être tentés de conclure avec lui que
» là est la meilleure part, même dans le monde
» présent, et ils n'en voudront pas d'autre pour
» le bonheur de leur vie, en à-compte sur celui
» de leur éternité. »

— LILLE. TYP. J. LEFORT. 1888 —